人間学のすすめ「恕《じょ》」

安岡正篤・孔子から学んだこと

[illegible]澄

三冬社

はじめに

この本の題名は『人間学のすすめ――「恕」』です。（孔子の言葉）恕というのは「心緩やかに相手を許す」という意味です。そこから「大目に見る」や「思いやる」「慈しむ」という意味が生まれてきました。

心緩やかに、相手を許し、慈しむ人間であるためには、自分自身が成長していかなければなりません。そして自信を持っていなければなりません。

私たちは生きています。生きているから欲望があり、悲嘆があり、希望があり、絶望もあります。それが人間というものです。

ただ人間は、生きていく過程でいろいろなことを学び、それを自分のものとしていくことができます。そして肉体的だけではなく、精神的にも成長していくことができるのです。

言い換えれば、私たちは生まれながらに人間であるわけではなく、成長していくことで人間になるのだということです。

さまざまなことにぶつかり、迷いながらも前に進んでいく。そのために学び、努力していく。そして成長して人間となる。これが人間の本質だと私は思います。

誰にも「恕」が身についたとき、幸せな人生が待っていると思います。しかし「恕」が身につくのは簡単なことではありません。「恕」が少しでも解るのにはさまざまな経験や努力が必要です。師安岡正篤先生の「人間学」の教えでも実践と努力（勉強）することを教わりました。そのためにこの本が、たとえ少しでも役立てば、私としても望外の喜びです。

素心・不器会　会長　下村　澄

目次

第一章　六中観

人生こそが最大の作品

最大のテーマ

人生観を考える上での精神のひとつに安岡正篤先生が話された「六中観」というものがあります。これを簡単に紹介すると、次のようになります。

「死中、活有り」とは、死ぬ気になって道を開こうと努力すれば、開けない道はないということ。

「苦中、楽有り」とは、苦楽とは相対的なもので、苦しみの中に楽しみがあり、楽しみの中に苦しみがあるということ。

「忙中、閑有り」とは、忙しいからこそ閑は存在するものだということ。

「壷中、天有り」とは、たとえがさついた世俗間の中に生きていても、自分だけの世界を持ち、それを深めていく努力が必要だということ。

「意中、人有り」とは、常に心の中に自分が尊敬している人物を持ち、日々、心の交流を行うことが大切だということ。

「腹中、書有り」とは、自分の心の中に信念や哲学を持っているということ。

これらの六つを一度に完成させるのは至難の業ですが、この六つのひとつひとつを丁寧にクリアしてゆくつもりで、いつもこの言葉を繰り返し心の中に銘記するように心がける必要があるでしょう。

苦しみも楽しみも人生の喜びとなって、我が身に取り込むことができるようになっていく自分、その姿に気づく日がやってくることを期待して努力していきたいものです。

死中、活有り

私たちは死を意識するからこそ、よりよく生きようとします。死生観というものを肝にしっかりと据えておかなければ、真の生活はできないと言っても過言ではないのです。そして、死を覚悟するからこそ、この生への愛は一層深く、強いものとなります。

つまり死への覚悟をきっちりと腹に据えてこそ、真の価値観に目覚め、真の生活を築くことができるのです。いさぎよい生き方ができるのです。「死中に活あり」とはまさにこのことでしょう。

死ぬということをむやみに恐れるのではなく、そこに至る生をどうするかが、真に問われることなのです。

苦中、楽有り

苦しいことをいやなことだと受け取る人が多いはずです。しかし、その逆にものすごく苦しいときを、いやなことだと思わないで、これは自分自身を成長させるために天が与えてくれたのだ、自分が発展・向上するチャンスだと意識的に考えると、その結果のご褒美として、「楽」（楽しみ）が生まれてくるのです。

壷中、天有り

『後漢書・方術伝』の中に出てくる話に、おじいさんが路店で薬を売り、売り終わると片付けをして、店の隅に置いてある壷の中へヒョイと入ってしまった。それを見ていた男が、ある日その店へ行き、おじいさんにその一部始終の話をすると、一緒に入ってみるかと言うではないか。あとに従って入ってみて驚いたことに、狭いと思った壷の中は広々としてすばらしい世界が広がっていた、という話である。

これは、現代社会のような、忙しい中にいても、自分の世界（勉強）を持つことで新しい境地が生まれると教えています。

忙中、閑有り

「忙しい、忙しい」は現代人の口癖の感があります。ことにビジネスに携わる人間は、感覚としても忙しくなければ現代人失格であるかのような思いがあります。

それは、「自分が有用で能力のある人間だから、周りから求められて忙しくなってしまうのだ」と自慢したいのです。

「忙しい」の「忙」は、心が亡くなるということです。それは、人間として最低になること、さらに言えば、馬鹿になることです。

馬鹿になる状態に自分を置いて、忙しいことを自分の勲章であるように吹聴しているのは、本当は愚かなことです。

閑とは余裕です。この時間を持つことができなければ、勉強もできずに、ただ時間を浪費していきます。

元来、人間は怠け者です。忙しくなって時間ができたら遊びに費やすことが多いでしょう。信念を持った勉強をするのは忙しい時だということです。

意中、人有り

尊敬する師を得て、それに学ぼうとするとき、どう学んでいくことがいちばんよい方法でしょうか。

私の経験で言えば、先生の真似をしようとしました。滑稽なことですが、一つの仕草まで真似しようとしました。ふと先生とそっくりの仕草をしている自分に気付いて、苦笑したことも再三でした。

もっとも、私のような凡人が尊敬する先生をいくら真似ようとしても、とても真似できるものではありません。それでも先生を真似ることで、その考えの真の意味に気付いたことも何度もあり、それが、私の生き方にどんなに役立ったかは計り知れません。

その仕草までも真似したくなる、傾倒できる師を持つことの喜びが、人生を飛躍させる感動につながっていくのだと思います。

腹中、書有り

常に読みたい本があり、自分を導くための書、手本といったものを自分の中に備えている。そういう人はどこまでも向上していくことができることでしょう。

人生の幸せは、決して物量だけで計れるものではありません。生きていく中で、自ら幸せだと感じることが多いほど、その人は幸せなのです。たとえ他人から見て恵まれていないと思える人でも、その人自身は幸せを感じていることもあるのです。幸せかどうか、それは自分自身で決めることなのです。

第二章　人生の基本

心

人間の原理からいって、変わるものと変わらないものがあります。では、変わらないものとはなんでしょう。それは自分の過去、そして他人の心です。ですが、変えられないからといって、自分の過去を悔やみ、自分の思うとおりにならない他人の心にやきもきするのは愚の骨頂です。

では、変わるものは何でしょう。それは自分の未来と、自分の心です。変えられるものは変えていけばよいのです。そうすれば自分の望む人生が得られるはずです。

しかしそのためには自分の人生を練り、精神を鍛えなければなりません。そうすることで自分が変わってきます。自分が変われば他人の心も変わります。そこに新しい運命が必ず開けてきます。

謙虚

人を認めることは、簡単なようでなかなか難しく、充実した人生を送る人を見れば、つい嫉妬や妬みが顔を出してしまう、これが人間というものです。しかし、そこで嫉妬の感情に押し流されてはおしまいです。なぜなら嫉妬は、プラス志向のエネルギーではないからです。これを克服するには自分に「謙虚」になることです。自分が何に長じ、何が欠けているかを冷静に眺めてみるとよいでしょう。

そうすればどんなに才能に恵まれた人でも、自分一人が持っている能力は何ほどでもないことに気づくはずです。己の分を知るという謙虚さが魅力の出発点となります。そうすれば自分に足りないものを備えている人を認めることができてきます。

感謝

「感謝」は人間にとって、最も大切で貴い心の思考であり感情です。どんな苦しいときにも、辛いときにも感謝の精神を持ち続けられる人は、巨万の富者より絶対的に幸福な人です。

人は心の態度、あるいは心の持ちようで人生をいかようにも前向きに生きていくことができますが、そのことに気づいて実行する人は不思議と少ないのです。世の中の多くの人が欲望や情動に突き動かされ、さまざまなしがらみに囚《とら》われながら人生を悲観し、消極的な態度で毎日を過ごしています。精神が健康を損なわないようコントロールできる人が、人生の幸福を手に入れることができます。

人間

恥の文化

「恥を知ることは最も人間らしいことで、そこにこそ向上の機が生まれる」という教えがあります。古来日本には恥の文化というものがあるわけですが、今の世の中の風潮は、これらとはまったく逆の方向にあることに気づきます。むしろ、これらを否定することが新しい生き方であるかのような思い違いをしている人が非常に多くいます。

全体的な統一調和なんてことは考えずに、自分の立場というものを主張しさえすればよい、そうでなくては損をする、無私無欲なんてとんでもない、と、我利の亡者になっています。これでは人間として本当の輝きはなくなってしまいます。

人間の器

人間は、さまざまな出来事に遭遇し、それを観察し、判断して、処理していきます。観察力や判断力というものは、持って生まれたものではなく、いろいろな経験を重ね、そこから学び、元気や志気、あるいは理想などを器の中に入れてつくっていくものなのです。つまり、経験し、学び、器ができていくことによって、人間は人間となるわけです。

人間の器を培ううえで、経験は非常に重要な要素となります。そして、失敗を繰り返すことによって、大きな器が形成されるようになるわけです。

信念についても同様で、願望をすんなり達成するより、失敗と苦労を重ねると、より信念が強くなります。そうすれば達成したときのありがたみも増すものです。経験を重ねることで「大きな器の人間」になるのです。

人間らしさ

人間にとって最も大事なもの、それがなければ人間でなくなるものとは何でしょうか。

知識、知恵、技術などはどうでしょうか。しかし、それがなかったからといって、人間でなくなるわけではありません。

このように考えていって、私がたどり着いたものは人間の最も素朴な感情、喜怒哀楽ではないか、ということでした。

喜怒哀楽の感情を豊かにすることは、それだけで人間の魅力の基礎になります。

人は感情の動物だと言います。うれしい時には素直に喜び、悲しい時には涙を流す。そして怒るべき時には怒り、楽しい時には目一杯楽しむ。それでこそ人間というものだと思います。

日常の生活が基本

道徳

道徳について、私がいつも気になるのは、どうも道徳ということを、何か我々の生活上の特殊なことのように考えがちだということです。不自然なこと、無理なこと、強制しなければできないことのような先入観があるのです。

「道」というものを概念的、論理的にとらえようとしてはいけません。信仰や宗教の「道」というものは日常の実践にあります。

つまり道徳とは日常の中にあり、特別に意識するべきものではないということです。日々普通に過ごしながら、身につけていくものなのです。

習性は第二の天性

習性とは、私たちの日常生活のあり方そのものです。いくら学問知識を積んでも、社会的地位を高めても、経済的に豊かになっても、その人の日常の生活ぶりや言動によって、お里が知れてしまいます。

習性というものは隠しようがないのです。

常日頃の私たちの生活を振り返ってみると、目的と手段を取り違えていたり、いつの間にか目的を見誤っていたことに気づくことがあります。これでは正しい習性が身につくはずもありません。やはり生活の核に据えるにふさわしく、ゆるぎないものがほしいものです。それが道徳であり、倫理でしょう。道徳や倫理とは、生活を窮屈にしたり、堅苦しくするのではなく、むしろ私たちを開放し、真に自由な道を開いてくれるものだと思うのです。

適正な飲食

人間にとって食べることは基本中の基本です。また同時に人間修行の基本でもあります。ただでさえ、今は飽食の時代です。やたらに美味を求めるグルメがブームになり、半面では栄養過多にならないようにと、ダイエット食や低カロリー食がもてはやされています。また、ビタミン剤やカルシウム剤などの薬によって栄養補給を心がけるありさまです。飲食に関しては目茶苦茶な状態になっていると言えます。

だからこそ、その中で自分にとって適正な飲食を心がけることは、相当の意志力が必要になります。何も栄養学などの専門知識を究める必要はありませんが、栄養素のバランスや腹八分目の常識の判断で、暴飲暴食を慎んでいくことです。

睡眠

睡眠には二種類あります。それは、「熟睡」と「安眠」です。熟睡は生理的な眠りを、安眠は精神的な眠りを指します。

適度に体を動かしていれば、熟睡は得られますが、健康に問題を抱えていると、体は疲労して熟睡を欲しているのに熟睡できないということになります。

心が平らかで煩うことがないと、安眠が訪れ、精神状態が不安定だと、体は疲れきって熟睡しているのに安眠できない、といったことになります。

つまり、眠りは体と心の状態を計るなによりのバロメーターであり、よく眠るとは、熟睡し、かつ安心することなのです。

生き方

死して余財なし

この名言について説明するまでもないでしょうが、要するに「あの世まで金は持ってはいけない」ということでしょう。経済力というものは何かをするためのエネルギー源として必要なものですが、それ自体は目的物たり得ないのです。ですから、この世に大金持ちはたくさんいますが、単に金を貯えた人の名は後世には残りません。どれだけ使ったか、何に使ったかで、人間のスケールが計られます。いずれにしても、死んだ後まで金を残そうとしているような人物では、大したことはできないのです。

引き際の美しさ

大きな事業をやる人は、自分のしたことを後に残さないように工夫するのが美しい姿だと思います。大いに仕事をし、それを退く時、自分はこれをやったのだと声高に叫ぶことをせず、信念を胸に秘めてすべてを受け止めるのも一つの形です。

しかし、自分が何をしたかを誇示する例が多すぎはしないでしょうか。特に政治家がそうです。あの橋は自分が架けた。この道は自分が作ったなど。中には自分の名前を冠し、銅像を立てたりする人もいます。

自分の業績を挙げずにいられないのは、自分に迷いがあるからです。自分の命を知り、受け止めて逃げずに立ち向かい、努力して自分を一段飛躍させ得たという自信があるならば、誇示する必要はないはずです。

真価

人生において、超然たる自由人として晩年を過ごされている人に接すると、その人の人生が輝いて見えます。一方で、前半生を大いに活躍した人が晩年を汚している様は、見るのも哀しいものです。人間の真価は必ず人生の後半に出るのですから、しっかりとした道を歩み続けたいものです。

日本人の平均寿命は今や八十歳を超え、六十歳で定年を迎えたとしても、赤ん坊が成人するまでと同じ年数が残っています。つまり六十歳は一つの節目、新しい人生に向けての再スタートの時期と考えるべきでしょう。しかも赤ん坊のようにゼロからの出発ではなく、六十年間培ってきた豊富な経験と知恵や技能を持っています。何をやるにしても既に立派な土台ができているのです。

真の自由

中国の儒者、荀子は「人生で色々困ったこともあるだろうが、いたずらに苦しまず、「心憂える時もあるだろうが意気が衰えない。そして禍福の因果関係、よって来たるところをよく理解し、何事があってもうろたえない。それが人間としての真の自由であり、学問の一番の大本はそこにある」という言葉を残しています。つまり、よほど歯ごたえのある学び方をしなければ目的を達しないということです。ダイジェスト化された知識やアウトラインの書かれたものに、まるでクレヨンで塗り絵をしていくような学び方では、本当の自由や学問は身につきません。ですから、現代というのはいかにも自由があふれていて、私たちはそれを満喫しているように思っているけれども、不自由なのかもしれません。

輪廻

自然界には定まった命があり、春夏秋冬、それに従って一巡りします。そこには東洋思想にいう輪廻の姿が具体的な形として存在し、私たちはここから逃れることはできません。

しかし、ただ輪廻をたどるだけではだめです。冬、葉を落として次の春に向けて再生を迎える間、土がよく鋤かれ、養分が十分に蓄えられなければ、実りは豊かにはなりません。

同じ輪廻をたどるようでも、冬の間に備えを十分にしておけば、まったく新しい輪廻をたどることになります。そこに人生の基本があります。

人間の世界でも同じことは言えます。自発的な意志で運命に立ち向かい、新しい命を切り開いていくためには、精神構造をしっかりさせて、人間を鍛えておかなければならないのです。

第三章　本物の思考

考え方（発想）

柔軟性には核がある

こだわりがなく、融通無碍《ゆうずうむげ》で、ひとつの信念などにとらわれない、そういう姿を「柔軟性のある人」だと考えてはいないでしょうか。だとしたら、それはとんでもない誤解です。

何の基盤もない根無し草からは、どのような発想も思想も生まれてはこないものです。もし出てきたとしても、それは何の役にも立たない無意味な発想であり、無意味な思考でしかないでしょう。

ひとつのものにこだわり、ひとつの信念を貫く。そういうものが何もなくては、発想の転換も柔軟な思考も出てくるものではありません。

根本的なものに対する頑固さ、依怙地《いこじ》なまでのこだわりというのは、絶対に必要なものなのです。

気質と発想

電車に乗ろうとあなたは駅の階段を駆け上がり、プラットホームにのぼった途端、電車のドアは閉まり、発車してしまったとします。その時、あなたはどう感じますか。「畜生、一分早く家を出ていれば」などと悔やむ人がほとんどでしょう。でも悔やんだところで、いま出ていった電車に乗ることはできないのです。それよりも大切なのは、「いま出ていった電車に乗り遅れてしまったのじゃない、次に来る電車に乗るために一番早く着いたのだ」というふうに気持ちを切り替えることです。

日常の瑣末《さまつ》なことでも、このように前向きに、プラスの方向に考えるようにすること。これは魅力的な人間になるための第一歩です。

なんとかなる!

逆境やピンチに見舞われた人の多くは、「これが自分の運命なんだ」と自ら限界をつくってしまいますが、果たして、どうにもならない運命など、この世に存在するのでしょうか?

トンチでおなじみの一休さんは、遺言状を遺すにあたり、弟子たちに「自分が死んだ後、どうにもならないことがあったら、これを開けてみろ」と言ったそうです。

やがて、彼の死後、非常に困ったことが起こり、弟子たちが遺言状を開いたところ。そこには「なんとかなる!」と、そう書かれてあったのです。

どうにもならないということは、皆が感じているほど多くはないものだ。未来のことを案じるよりも、現在やるべきことに全力投球せよ、といっているのでしょう。

人生に失敗はない

私は、生前の松下幸之助さんに失敗談を聞きに行ったことがあります。しかし、松下さんは「私は失敗なんて一度もしたことがありませんよ。失敗したところで止めてしまうから失敗になるんです。成功するまで続けたら、失敗は失敗ではなくなるでしょう」と述べられたのです。

このようにいつも前向きに物事をとらえていくことができたら、挫折などは無縁のものです。

苦境に立たされた時点から将来を見ると、これ以上悪くなりようはなく、あとはよくなる一方という、陽転の発想なのです。陽転の発想で物事に接すれば、それまで見えなかったものが見えてくるようになり、どんな難関も突破できるようになるというものです。

言葉の力

言葉で生き、言葉で死す

無意識に消極的な言葉をしゃべっている人は、その人の心の中までもが、消極的な心理状態になってしまい、決してよい方向へなど物事は進まないものです。

消極的な言葉とは、「困った」「弱った」「悲しい」「腹が立つ」といったようなものですが、もし、万が一、消極的な言葉を使ってしまったら、すぐにその言葉を打ち消すようなことを言えばよいといいます。

「まったく体の節々が痛くてたまらん。これじゃ、仕事にもならない。しかし、今はもう平気だぞ！」

というふうに、自分を奮起させることです。これは一人きりでいる時にも注意を払う必要があるでしょう。

自分を動かす

人生で遭遇する逆境には、常に順境に変わり得る可能性が潜んでいます。すべては考え方一つではないでしょうか。敗北者になるのも、成功者になるのも同じくらいのエネルギーが必要です。

ただし、敗北者は、恐れ、不安、心配、憎しみ、フラストレーションといった、自分に少しもプラスにならない感情にむなしくエネルギーを消費します。積極的な考えや行動、そしてその原動力となる言葉に向けたら、誰もが成功者になれるのです。

マイナスに考えることは、自分の行動をもその方向に向けてしまいます。逆に言えば、プラスに考える習慣を持っていたなら、エネルギーはすべてプラスの方向に使えます。言葉には、それほど強い力があるものです。

見識（本質）

正しいものを見分ける

昨今、簡単にだまされてしまう人が多いのも悲しいことです。

そもそも人間というのは、誰でも皆、物欲が強く、好色で嫉妬深く、見栄っ張りの嘘つきで、手前勝手の権力主義者で、ありとあらゆる悪を持っています。そうでない人なんて、めったにいるものではありません。そうした悪い心に程度の差、すなわち内なる悪心を抑えて、少しでも自分自身を向上させていこうとするならば、しっかりとした価値基準が生まれ、正しいものを見分ける目を持てるようになります。

枝葉でなく根本で見る

たとえ今は枯れて葉が落ちている一本の木も、大地にしっかりと根を張った木であれば、やがて季節が巡ってくれば見事に繁り、花を咲かせ、果実をつけるに違いありません。

また逆に、今はどれほど枝葉を繁らせ、美しい花を咲かせていても、その根が腐りかけていたり、脆弱な土地でしっかりと根を張れないような状況であったならば、やがてその木は朽ち果てます。

表面的なことに惑わされず、土に埋まって見えない部分を見ることで、本質を洞察することができるのです。

これは人も同じです。表面をいくらきれいに飾っていても、心の中が腐っていれば、それはやがて表に出てきて、腐臭を放って誰にでもわかるようになるものです。

志と欲望

志というのは欲望に極めて近いものです。時には欲望と志とが完全に重なり合う場合もあります。例えば、物質的な豊かさを追求するという志は、むしろ欲望そのものといっていいかもしれません。それを欲望から分け隔てるものは、精神性以外にはないのです。志と違う欲望、それが露呈した例を挙げれば、バブル崩壊で噴き出した、政治家たちのスキャンダルになるのでしょう。

しかし、目先のことだけを追うのではなく、長い目で物事を見る、あるいは、一面ではなくあらゆる面をみるという姿勢を自分に向ければ、志を横道にそらすことは防げます。それが、冷静な自制というものです。人物といえる人たちは例外なしに自制的です。

本質は陰にある

物事には必ず陰と陽があります。それは対照的な事柄を対比させて、陰と陽を認識するだけではありません。一つの事柄が備えている属性も陰と陽に分けられる、という考え方もあるのです。

私たちはどちらかというと、陽が主役であって、陰は脇役、裏方、黒子的存在だと思いがちです。しかし物事の本質というのは、実は、陰にあるということを知っておかねばなりません。本質である陰の裏打ちがあってこそ、陽は表面に出ることができます。

また、これは人物の人間性にも通じることです。自分の内部の陰と陽のバランスを、常に陰がやや勝った状態に保つように心がけることが大切なのです。

「知識」と「見識」

近ごろ、知識はあるのに「見識」に欠けるという人が多いようです。知識を用いるテクニックに長けてはいるけれども、人間の本質となるべき判断基準が抜け落ちている人たちです。

そういう人たちが学校の先生、役人、政治家、また子の親になり、人の上に立ち、知識だけを教えて人を育てるようになります。

しかし、知識をどんなに詰め込んでも、本当の人間は育ちません。小手先のテクニックばかりになり、人間の中身というものがどこかに行ってしまいます。それでは人間としての幸せを味わうこともできないのではないかと思うのです。

義は利の本なり、利は義の和なり

古典にある言葉です。つまり、利を求めるにあたって、義が邪魔になるわけではない、義を求めていけば利が得られないわけではない、この二つは矛盾し、反発しあうものではないということです。

それどころか、そもそも義は利の本になるものであって、利は義の和として生み出されてくるものだといいます。「どうすれば人の役に立つか。人を喜ばせることができるか」という一つの答えを見つけ出して、それに徹することが肝要なのです。

商売においても同様のことが言えるのではないかと思います。顧客に利益があるから成り立つもので、自分の儲けはその後あるのだという根本を忘れてはならないのです。

新しい世界

楽しむことが最高の境地

論語には、「道に志し、徳に拠り、仁に拠り、芸に遊ぶ」という言葉があります。

学問などをするには、まず志を立てなければなりません。これが「道」です。次に、根本にすべきものを定めなくてはなりません。これが「徳」です。道を進むにあたって、頼りにするものが「仁」です。そして最後に、自由に遊び楽しむことがなくてはいけません。これが「芸」です。このような意味になります。

最上位に「芸に遊ぶ」ということを置いています。

学問や道徳を極めた人間が、もう一つ上の境地を知るとしたら、それは、無目的に楽しみ遊ぶ世界だということになると、孔子はそう教えています。

「修・破・離」の心

日本の伝統的武道や芸事の世界では、非常にこれを重視します。

修とは、古いものから学んでマスターすること。破とは、そうした既存の概念や枠組あるいは秩序を破壊すること。そして離とは、既存のものを離れて自分独自のスタイルを創造していくこと。つまり、いかに伝統を重んじる武道や芸事であるからといって、単に伝統を守り伝えようとするだけでは、結局のところ伝統が守れなくなってしまうということです。

伝統に学び、根本的な精神を後世に存続させていくには、やはり新しい血を加える必要があります。そうすることで伝統が再生し、次へと伝わっていく力を持つわけです。ただし、やみくもに新しいことをやればいいのではありません。まず、古いことに学び、習得しなければなりません。それがしっかりとした土台となります。

古くから伝えられたことは厳選されたことばかりなので、これをしっかりと学べば、過去の人たちが遠回りしてたどり着いた所へ、大きな失敗もせず近道でたどり着けることが約束されています。こんなありがたいことはありません。

かといって、それで満足してしまっては、過去の人たちがたどり着いたところから先へは進めません。進歩がないわけです。そこで初めて「破」と「離」が必要になってくるのです。

「温故知新」といいます。古いものをただ無条件で信じ、実行するのではなく、それを突き抜けて新しいものを求めていく。その土台として古いものをしっかりと学ぶのです。これでこそ新境地が生まれてくるのです。

第四章　人づきあい

人間関係

人と人

日本には「情けは人のためならず」という言葉があります。これは「人に情けをかけることは、やがてめぐりめぐって自分に戻ってくる」という意味のものですが、最近の若い人は「人に情けをかけることは、その人のためにならないから、いけないことだ」という意味にとらえているようです。もちろんこれは意味の取り違えです。

昔も今も変わらず、人と人があってこそ、社会は成り立っているのではないでしょうか。

人間関係とは、改めて考えてみると、貸し借りの関係で成り立っています。

結局、人間関係は振り子のようなもので、良い振り子を振れば、同じく良い振り子が戻ってくるものです。

借りをつくる

よく、人の手を借りることが自分のハンディキャップになると考えてしまう人がいます。それゆえに、自分が困難な状況下にあっても、誰の手も煩わせず孤高を守ってしまうのでしょう。しかし、だからといって同様の憂き目にあっている人に力を貸さないのでは、人間関係など発展のしようがありません。

強がって孤立するよりも、むしろ人の「世話になる」、あるいは「借りをつくる」ことが、親密になるための布石となると考えたほうがよいでしょう。なぜなら「世話になった」あるいは「借りをつくった」という恩に報いる過程で、より深い人間関係、ひいては信頼関係が構築されていくからなのです。

心を動かす

人を動かすには、その人を認めることです。

世の中には自己中心的な考え方の人は多いものですが、その人たちを認めてやってこそ、その人たちを動かすことが可能になるのです。

人を動かそうと思うなら、まず、その人の心を動かさねばなりません。そうした人情の機微というものをよくわきまえてこそ、人はその人の魅力に心動かされます。そして「この人を助けてやろう」、「この人は信頼できる」と考えるものなのです。

認めることは決して難しいことではありません。その人を、ありのままのその人として見ていけばいいのです。先入観で否定的に見なければいいのです。

日々の姿

笑顔を魅力に転じる

人間にとって、笑顔は欠かすことのできない必須条件です。しかし、果たして魅力ある笑顔を誰もが簡単に見つけることができるかというと、そうではありません。

真に魅力ある笑顔は、簡単なように思えて、実は案外難しいことなのです。

真の魅力的な笑顔とは、一言でいえば「受け身の中の積極性」です。それは、相手に対して特別な行動はしないのに「待ち」の姿勢をとりながら、相手を引きつけ、働きかけを引き出す積極性を備えているものなのです。

元気

元気という言葉は、私たちが日常、なにげなく口にしている言葉です。一見、解説するまでもない言葉のようにも思えるのですが、そもそも元気とはどんな意味なのか、改めて考えてみると、わかっているようでわからないものです。

元気の「元」は、宇宙的な意味では「大きい」とか、「普遍的」となり、そこから空間的には「もと」、時間的には「はじめ」という意味になります。

一切のものの元となり、はじめとなる大いなるもの、というのが「元」に込められている意味なのです。

そして「気」はエネルギー、クリエイトする力、すなわち創造力です。

つまり、「元気」とは、一切の造化の本質、根源なのです。

信頼

聞き上手

人間にとって一番関心があるのは、自分自身についてではないでしょうか。そのため、自分のことを話し、自分の見識や知識を披露したくなるのは人情といえます。そこで、逆にその心理を利用すれば、相手の心を動かせることができます。つまり聞き上手になることが信頼を得る近道となるのです。

「自分は話すのは苦手だ」と思う人なら、自分は聞き役に徹し、話し下手という欠点を、聞き上手という長所に転じればよいのです。聞き上手になるには、なによりもまず、人の話を聞こうとする姿勢が必要です。そして話の中に入り込み、心からうなずき、心から意見を述べることとです。上っ面だけのものでは、聞き上手とは言えません。

信頼の蓄積

井戸水を汲み上げるとき、たとえつるべ桶の底が欠けていても、汲み置き用の桶の底が抜けていない限り、やがては汲み置きの桶を満杯にできます。つるべからしたたる一滴の水でも、何十回、何百回と繰り返せば、いつかは水が一杯にたまります。

反対に、つるべ桶の底はきちんとしていても、汲み置き桶の底が抜けていたのでは、けっして水がたまることはありません。何千回、何万回繰り返しても、その努力は全くの徒労に終わるのです。

信頼の蓄積とは、つるべで桶に水を汲むことと同じです。「誠実な行動」という水を積み重ねて「信頼」をためるのです。ですから、信頼の蓄積を望むのなら、しっかりとそこを確かめて、あきらめることなく汲み続けることです。

第五章　理想の人物

経験

ある作家が、老年についておもしろい規定をしていました。

「老年は実年齢には関係がない。与えるものがあるうちは、何歳であろうと、老年ではない。もらうようになったら老年だ」

なるほど、と思いましたが、それを見定めるのはけっこう難しいのです。

難しくさせているのはいうまでもなく「経験」という代物です。経験は貴重で、活かすべきものではありますが、それは時に陳腐化します。経験に培われた自信を身につけた人は、同時にこのことを知っておかねばなりません。それに気づかず、陳腐化した経験に寄りかかり、ことさらに業績を吹聴して自分の虚像の肥大化を試みるのは、せっかく切り開いてきた運命を帳消しにしているようなものです。それは哀れでさえあります。

逆境

私は、多くの人とお会いする機会に恵まれますが、二、三度会ってこの人はどこかひと味違うな、と人間の奥行きの深さを感じることがあります。

考えさせられるのは、そういう人たちは、過去に必ず逆境を経験していることです。人には逆境が必要なのではないか、とさえ思えてきます。特に上に立つ人には、絶対に必要なことなのではないか、と思います。

人は誰しも逆境を乗り越える潜在力を備えています。そのことを自覚することによって、初めて前向きな精神で人生に応援していくことができるのではないでしょうか。

そして、そのことによっていっそう高いところに上れるのだと思います。

愛される人物

長所ばかりで短所がない人をイメージしてみましょう。そういう人が自分の身近にいたら、きっと息苦しくて敬遠したくなるものです。

逆に周りから愛される人物とは、短所を多く持った人である場合が多いのです。例えば、仕事はできるのに、プライベートではおっちょこちょいでミスばかりやる。こんな人の短所なら、それが魅力にさえ感じるでしょう。

しかし、短所が魅力に転じるには、その人に際立った長所があるという条件が必要です。私生活でも間が抜けていて仕事ができなかったら、それは単なる粗忽者です。短所はあくまでも短所です。しかし、際立った長所があり、その長所が際立てば際立つほど、その時、短所は魅力に転じるのです。

積極性と努力

分を心得る

「自分の分を心得る」とは、平たく言えば、「自分はこれだけのものでしかない」と、わきまえることです。ただし、限界を知り、あきらめることではありません。自分について限界を見定めているが、成し遂げたいことは、しっかりと保持し、そして、自分の限界の上に立って何かを成し遂げるにはどうすればよいか積極的に考えることを言います。

「一人でやれることはたかが知れている」と分を心得た上で、「だから頑張っても無理に決まっている」と消極的になるか、「自分のできないところは人に手伝ってもらえれば何とかできる」と積極的になるか、その分かれ道で結果は雲泥の差となります。ならば積極的に夢を追いかけるほうが、ずっと価値ある人生になるというものです。

発明発見の物語に出てくるエピソードに多いのが、「何かをしている最中にハッと思いつき、ある啓示やひらめきを受け取る」という類の話です。

しかし、ここで言わんとするところのひらめきとは、日々の努力、たゆまぬ工夫と苦労の中から生まれるということです。努力とは、一つのことを考え続け、精神と肉体を集中し続ける執念、それらによって、ある瞬間にフッと、ある高みに到達してしまうことが、「実現する」ということなのです。それは、ある種、「神様が手を貸してくれる」という心境に通じるものがあるように思えるのです。

機をつかむ

機は誰にでも訪れるはずですが、本当の機というものは一生に数えるほどしかやってこないものです。それに、機を招き寄せるのは誰でもなく自分自身です。心を常に積極の方向にもっていけば、情報や人脈（信頼）を媒体にしてやって来ます。それにはまず長い目で見る。半面を見る。根本を考える。といった物事を見極める目、すなわち見識が求められてきます。しかし、それだけでは不十分です。なぜなら、機を感じ取るには、直感力、あるいはカンといったものがとても重要なポイントとなるからです。

機とは思いがけないものであり、機は予想した所には発生しません。また予期したような経過もとりません。だからこそ、人生を大きく発展させるバネとなり得るのです。

第六章　子どもとは未来

未来に向けて

子どもに伝えたいこと

昔は、子は親の背を見て育つと言いました。しかし今は、たいていは、父親が外に働きに出ているので、仕事をしている姿を子どもに見せることはできません。

会社では一生懸命働いて存在感もあるのに、その反動も手伝ってか、家庭に戻ると自分の醜悪な面を家族の前にさらけ出して平気でいる人が多いようです。

これでは尊敬されようがありません。やはりどこかでキリッとした、ここだけは絶対に譲れないというところが必要なのでしょう。私たちは聖人君子ではないので、何もかも子どもの手本になるような行動はできませんが、どんな些細なことでもいいから行うべきでしょう。例えば「朝ご飯は必ず子どもと一緒に食事をとる」といった、一貫した習慣をつけ、その場で子の上に立てる行動をすることが大切でしょう。

親孝行

親というのは自分を生み育ててくれた恩人であり、最も身近な目上の人です。その親を大事にしないというのは、倫理観の一番の原点、あるいは中心にあるべきものが抜けているということになります。しかし、親孝行というものは、実は親のためばかりではなく、子ども自身のためなのです。ですから心ある親は、親孝行をされて、それを自分のためとして喜ぶだけではなく、むしろ、親孝行をしようという美しい心を持っている子ども自身に、内心で喜んでいるのです。

親孝行とは、子が親を思い、親が子を思うという相互な関係を生むことです。これがまさに「恕」の基本ではないでしょうか。

編集を終えて

日本が目覚しく発展してきたこの時代は、肝心な人間の「信」（＝倫理観・道徳心）が失われたと思います。そんな時代だからこそ「恕」を心に持ち、「人間学」を学ぶことが「信」を取り戻すことになるのではないでしょうか。

論語にある「食を捨て文武を捨てても、信は捨てられぬ」という言葉を思いだしました。「信」を得るために私たちは、努力して学ぶことを怠らない事だと編集をしながら実感できました。この本が少しでもの参考になれば大きく自分が成長できるのではないでしょうか。

下村　晃司

【著者略歴】

下村　澄（しもむら・きよむ）

（1929 ～ 2009 年）昭和 4 年、佐賀県生まれ。早稲田大学政治経済学部卒。毎日放送入社。秘書部長・社長室・局次長を勤める。経済団体（社）ニュービジネス協議会（NBC）専務理事・相談役、株式会社日本企業調査会・相談役を歴任。勉強会の横断的組織「知恵の輪」を設立。「不昧会（ふまいかい）代表、「素心・不器会」会長として、読書会、著者と語る会、銀座寺子屋子ども論語塾を開催している。著書に『人脈のつくり方』、『「人脈」を広げる 55 の鉄則』、『人望学』、『人間の倫理』、〈安岡正篤先生に学んだこと〉三部作『人間の品格』・『人物の条件』・『「運命」と「立命」の人間学』、他多数

人間学のすすめ「恕」

安岡正篤・孔子から学んだこと

平成21年 2 月 1 日 印刷
平成21年 2 月25日 発行
令和 元 年10月15日 改装版 1刷発行

著　者：下村　澄

発行人：佐藤公彦
発行所：株式会社 三冬社
〒 104-0028
東京都中央区八重洲 2-11-2 城辺橋ビル
TEL 03-3231-7739　FAX 03-3231-7735

印刷・製本／中央精版印刷株式会社　　編集／篤励企画

◎落丁・乱丁本は本社または書店にてお取り替えいたします。
◎定価はカバーに表示してあります。

ISBN978-4-86563-049-7